HA
HA
HA

JIF - MILLER - VOX

SCÈNES de ménages

TOUJOURS PLUS FOUS !

Scénario : Jif

Dessin : Éric Miller / Vox

Couleurs : Christian Lerolle

ISBN : 978-2-822-20823-9

Jungle est une filiale du groupe Steinkis

Première édition - Octobre 2014

Imprimé en Septembre 2014, en France, par Pollina - L24550. Dépôt légal : Octobre 2014

JIF - MILLER - VOX

SCÈNES de ménages

TOUJOURS PLUS FOUS !

JUNGLE!

M6 ÉDITIONS

VISIO-CONFÉRENCE

NOUNOU D'UN SOIR

FITNESS
ÇA Y EST, JE SUIS RENTRÉE...
MH?
AH OUI, TU ÉTAIS OÙ, AU FAIT?
JE REVIENS DE "TOP & FITNESS"...
"TOP & FITNESS?"
UN NOUVEAU CLUB DE REMISE EN FORME POUR RETROUVER LA LIGNE...
VISIBLEMENT, C'ÉTAIT FERMÉ...

TROUVÉ
POUSSIN, J'AI ENFIN TROUVÉ !!!
HEIN ? DE QUOI TU PARLES ?...
TU AVAIS OUBLIÉ QUE J'AVAIS UN RENDEZ-VOUS À PÔLE EMPLOI AUJOURD'HUI POUR UN BOULOT ?
MAIS OUI, C'EST VRAI !
MAIS C'EST GÉNIAL !!!
OUIII !!!
SI TU SAVAIS COMME JE SUIS HEUREUX POUR TOI !
HOLALA, ET MOI DONC.
TU AS ENFIN TROUVÉ UN EMPLOI QUI TE CORRESPOND !
HEIN ? NON, PAS DU TOUT ...
L'ENTRETIEN N'A RIEN DONNÉ. C'EST EN SORTANT, EN FAISANT LES BOUTIQUES, J'AI TROUVÉ LE PETIT HAUT QUE JE CHERCHAIS DEPUIS TOUJOURS !!
FASHION ADDICT

RÉPARATION
DONC LE PIED DU LIT DE CHLOË ÉTAIT CASSÉ...
VOILÀ...
DONC TOI, TU DÉCIDES DE LE RÉPARER...
EXACTEMENT.
TU ME DIS TOUJOURS QUE JE SUIS PAS AUTONOME ET QUE JE T'APPELLE DÈS QU'IL Y A DU BRICOLAGE...
ALORS HEIN...
OK, BREF, PASSONS...
OUiiiiiN
ET DONC LÀ TU TE DEMANDES POURQUOI ELLE ARRIVE PAS À S'ENDORMIR, C'EST ÇA ?
BEN OUAIS, JE COMPRENDS PAS...

IMITATION

"VOUS POUVEZ ME LAISSER UN MESSAGE, JE VOUS RAPPELLERAI"...
HA HA HA, LE MESSAGE DE RÉPONDEUR AVEC LA VOIX DE LOUIS DE FUNÈS, ÇA FONCTIONNE TOUJOURS.
BIP
AH TIENS, LILIANE, ÉCOUTE...
HI HI HI ! QUE C'EST DRÔLE, QUEL IMITATEUR TU FAIS !
HA HA HA
UN MESSAGE DE RÉPONDEUR AVEC LA VOIX DE FRANÇOIS HOLLANDE, IL FALLAIT Y PENSER...
ROBERT DE NIRO ?
BARACK OBAMA ?
FRANCIS CABREL ?
MICKAËL JACKSON ?
NON MAIS LAISSE TOMBER, C'EST BON...

MORT AUX RATS
?
C'EST QUOI, CES GRANULES BLEUS ?
AH ÇA, C'EST DE LA MORT AUX RATS. J'ALLAIS EN METTRE PAR TERRE PARCE QU'IL ME SEMBLE AVOIR ENTENDU UN RONGEUR...
AH BON... UN INSTANT, J'AI CRU QUE C'ÉTAIT UNE NOUVELLE FORMULE DE VIAGRA...
ON L'A ÉCHAPPÉ BELLE, TU IMAGINES SI J'AVAIS PRIS ÇA ?...
OH TU SAIS, TON RONGEUR À TOI, ÇA FAIT BIEN LONGTEMPS QU'IL NE DONNE PLUS SIGNE DE VIE...

PRÉNOM

ET LE WEEK-END, TU ViENDRAS AVEC TON MARi, HUGO...
AH NON, PAS HUGO, SON MARi S'APPELLERA TRiSTAN...
BEN NON, TRiSTAN !
NON, NON, NON, PAS TRiSTAN, HUGO !
TRiSTAN
HUGO
TRiSTAN
HUGO
HUGO, JE SERAI INTRAITABLE !
TRiSTAN, OU C'EST TOi QUi MONTES LA NOUVELLE BiBLiOTHÈQUE...
iL SERA SUPER GENTiL, TRiSTAN...

OBSCÈNE

AAAAH!
?!
MMHPF! AAAAH!
QUOI?! MON JOSÉ À MOI, REGARDER CE GENRE DE FILMS DÉGOÛTANTS?!
OOOAAH! AAARF!
NOUS QUI AVONS UNE RELATION PLUTÔT SAINE DE CE CÔTÉ-LÀ...
AAAAAH!
EN TOUT CAS, ÇA VA PAS SE PASSER COMME ÇA!
JOSÉ, C'EST MINABLE!!
MHHH! AAAH!
JE TE LE FAIS PAS DIRE, QU'EST-CE QUE C'EST MOU, CES QUARTS DE FINALE FÉMININS DE ROLAND GARROS...
OUMPF AAAH!

VIDÉO

QU'EST-CE QU'IL NOUS A DIT LE GARS QUI NOUS A INSTALLÉ ÇA ?... AH OUI, IL FAUT CLIQUER ICI...
CLIC
AH DIS DONC, ÇA ENVOIE UNE VIDÉO DE NOTRE FILLE AVEC NOTRE PETIT-FILS...
TOÏNG
HOLALA, LA TRONCHE QU'ELLE A LÀ-DESSUS...
QU'EST-CE QU'ELLE A GROSSI, DIS-DONC...
UNE VRAIE BALEINE...
ET SON GAMIN, MON DIEU QU'IL EST LAID...
TU SAIS, DES FOIS, JE ME DEMANDE S'IL EST NORMAL...
C'EST VRAI QUE CE REGARD ÉTEINT...
PAPA, MAMAN, C'EST PAS UNE VIDÉO, ON EST CONNECTÉS SUR SKYPE...

BLAGUE

NON, TU VOIS, AUTANT J'AIME BIEN RIGOLER...
LES BLAGUES, LES CANULARS, TOUT ÇA J'ADORE...
MÊME SI J'EN SUIS LA VICTIME, HEIN, PAS DE PROBLÈME...
MAIS IL FAUT QUE CE SOIT **DRÔLE**...
OR, METTRE LE BABY PHONE DANS MON CARTABLE ET IMITER LE PROVISEUR SUR L'AUTRE BABY PHONE EN PLEIN CONSEIL DE CLASSE...
...ÇA N'EST PAS DRÔLE !
RHOOO, T'AS PAS D'HUMOUR !

PAUSE
TU N'AS RIEN REMARQUÉ ?
LA VIE EN MAUVE
DEPUIS QUELQUE TEMPS, ON N'ENTEND PLUS LE JEUNE COUPLE BATIFOLER AU-DESSUS...
LA VIE EN MAUVE
JE ME DEMANDE BIEN POURQUOI...
EN TOUT CAS, ILS VIVENT ENCORE LÀ, JE CROISE LE GARÇON RÉGULIÈREMENT...
AH BEN VOILÀ...
À FORCE DE TE CROISER, IL A RÉALISÉ QU'UN JOUR SA FEMME DEVIENDRAIT COMME TOI ET ÇA L'A REFROIDI...
LA VIE EN MAUVE

TUE-L'AMOUR

AAAAH CREVÉ, MOI !
SGRATT SGRATT
NON, JOSÉ, FRANCHEMENT !
QUOI ?...
CETTE TENUE POUR ALLER AU LIT, C'EST UN VÉRITABLE TUE-L'AMOUR !
AH ?...
REGARDE-MOI, JE FAIS UN EFFORT, TU POURRAIS FAIRE PAREIL !...
OK...
AAAH, MERCI...
JE VEUX BIEN FAIRE PAREIL MAIS FRANCHEMENT, C'EST TORDU !
BELLE

ASSiETTE

C'EST RELOU, CETTE MANiE DE TOUJOURS PLANTER TA FOURCHETTE DANS MON ASSiETTE !
RHOOO... ÇA VA !
OUi MAiS BON, JE SUiS DÉSOLÉ, C'EST RELOU !
QUOi ?! J'Ai PAS PLANTÉ MA FOURCHETTE !

ORDINATEUR

RHAAA ET MON ORDI QUI VEUT PAS DÉMARRER, HEUREUSEMENT QU'ON M'EN PRÊTE UN POUR ME DÉPANNER...
BRICO MAG
HA HA, TU AS TROUVÉ QUELQU'UN POUR TE PRÊTER UN ORDI, ICI? AU VILLAGE?
EH BIEN OUI, FIGURE-TOI, UNE PERSONNE DE LA MAIRIE ME L'A PROPOSÉ...
ON N'EST PAS SI RECULÉS QUE ÇA ICI, ESPÈCE DE MAUVAISE LANGUE...
MONSIEUR?
AH, LE VOILÀ!
C'EST VOUS QUI AVEZ DEMANDÉ L'ORDINATEUR DU VILLAGE?
HI HI HI HI
MINITEL

DATES

DIS-MOI, TU ÉTAIS FORT EN HISTOIRE À L'ÉCOLE ?
OH BEN ASSEZ, OUI...
VOYONS... 12 OCTOBRE 1492...
DÉCOUVERTE DE L'AMÉRIQUE !
13 SEPTEMBRE 1515...
1515, ATTENDS, ÇA, C'EST LA BATAILLE DE MARIGNAN !
14 FÉVRIER 2014...
ÇA DOIT ÊTRE UNE DATE D'ANNIVERSAIRE DE LA GUERRE, ÇA...
NOOOOOOON...
LA SAINT-VALENTIN, ÇA TE PARLE ?
AAAAH ! MAIS OUI, C'EST AUJOURD'HUI D'AILLEURS, C'EST ÇA ?...

MOUSTACHE

DiS DONC, ÇA T'iRAiT BiEN AUSSi SANS LA MOUSTACHE...
COMMENT ÇA ? TU VEUX QUE JE RASE MA MOUSTACHE ??
BEN POURQUOi PAS ? ÇA CHANGERAiT UN PEU...
HORS DE QUESTiON ! CETTE MOUSTACHE FAiT PARTiE DE MOi !
ET PUiS, LA MOUSTACHE, ÇA FAiT ViRiL !
JUSTEMENT... iL ARRiVE UN ÂGE OÙ L'APPARENCE DOiT ÊTRE EN ACCORD AVEC CE QU'ON EST...

COCKTAIL

UN PETIT MOJITO, MON POUSSIN ?
AH BEN ÉCOUTE, EXCEPTIONNELLEMENT, SI C'EST TOI QUI L'AS FAIT, POURQUOI PAS ?
POUAH !!!!
MAIS QU'EST-CE QUE TU AS MIS DANS CE MOJITO ?
BEN COMME Y'AVAIT PLUS D'EAU GAZEUSE, J'AI MIS DE LA LIMONADE... PUIS ON N'AVAIT PAS DE FEUILLES DE MENTHE ALORS J'AI MIS DU PERSIL...
ET ON N'A PAS DE RHUM ALORS J'AI MIS DU VIN BLANC !
AH OUI, UN MOJITO DONC...

LA COTE

TU SAIS, JE CROIS QUE J'AI LA COTE AVEC MES LYCÉENNES...
AH BON ? POURQUOI ?
AUJOURD'HUI, ELLES ONT PASSÉ LA MOITIÉ DU COURS À POUFFER ENTRE ELLES EN ME REGARDANT, GENRE ADMIRATRICES...
C'EST RASSURANT DE SE DIRE QU'ON N'EST PAS UN VIEUX CROÛTON...
ATTENDS, BOUGE PAS...
?? QU'EST-CE QUE TU FAIS ?
TU AVAIS UNE CROTTE SÈCHE QUI DÉPASSAIT DE TA NARINE...
VOILÀ QUI EXPLIQUE SÛREMENT TON "SUCCÈS"...

ON COUPE

...ET LÀ, CHAMARD M'INTERROMPT !
CHAMARD, CHAMARD, CHAMARD... TU N'AS QUE CE NOM À LA BOUCHE, TU VOUDRAIS PAS COUPER UN PEU ?
C'EST VRAI, TU AS RAISON.
TOI, ÇA S'EST BIEN PASSÉ, TA JOURNÉE ?
OUI, ON A EU MADAME MÉJEAN, COMME TOUS LES MARDIS...
CELLE-LÀ ALORS, ELLE PASSE SON TEMPS À RACONTER SA VIE...
BEN VOILÀ, COMME CHAMARD !

SELFIE
VIENS, ON FAIT UN SELFIE À DEUX, ON N'EN FAIT JAMAIS...
COOL !
MMMH... PAS TERRIBLE, Y'A UN TRUC QUI VA PAS... ON LE REFAIT...
SYMPA, NON ?
RHAAA... Y'A UN TRUC QUI CLOCHE MAIS J'ARRIVE PAS À SAVOIR QUOI...
ATTENDS, POUSSE-TOI POUR VOIR...
AH BEN VOILÀ ! IL EST SUPER, NOTRE SELFIE...

EXPLOIT

TU VOIS, HUGUETTE, AUJOURD'HUI, JE COMPRENDS BEAUCOUP DE CHOSES...
CES AVENTURIERS QUI GRAVISSENT L'HIMALAYA...
CES SPORTIFS QUI COURENT APRÈS LES RECORDS...
TU PEUX PAS SAVOIR À QUEL POINT JE ME SENS PROCHE D'EUX...
JE RESSENS CETTE ÉMOTION !
EN MÊME TEMPS, TU ES JUSTE PASSÉ DU NIVEAU 4 AU NIVEAU 5 AUX MOTS FLÉCHÉS...
ET VOILÀ, TU ME RABAISSES...

HISTOIRE

BON OK, JE VOUS EN RACONTE UNE ...
VOUS SAVEZ QUEL EST LE FRUIT QUE LES POISSONS DÉTESTENT ?
LA PÊCHE !
BZZ
C'EST ÇA, VOTRE HISTOIRE ?! BAH DITES DONC, JE SUIS DÉÇU, ON M'AVAIT DIT QUE VOUS ÉTIEZ UN PROFESSIONNEL.
JE CROIS QUE LES GENS N'ONT PAS ENCORE BIEN COMPRIS MON MÉTIER...
MAIS SI, ELLE ÉTAIT SUPER, MON PROF D'HISTOIRE PRÉFÉRÉ !

NATHALIE

TIENS, C'EST MARRANT, CE MATIN, J'AI REPENSÉ À MA PREMIÈRE PETITE AMOUREUSE...
ELLE S'APPELAIT NATHALIE, ON AVAIT DIX ANS...
JE PASSAIS MES RÉCRÉS À LA REGARDER EN CACHETTE !
HA LÀ LÀ, C'ÉTAIT MIGNON !
TU ME FAIS PASSER LE SEL ?
T'AS QU'À DEMANDER À NATHALIE...

ÉOLIENNES

LILIANE ! RÉVEILLE-TOI !
JE VIENS D'AVOIR UNE IDÉE DE GÉNIE !
LES ÉOLIENNES QUI PRODUISENT L'ÉLECTRICITÉ TOURNENT COMMENT ?
BEN GRÂCE AU VENT...
VOILÀ. MAIS S'IL N'Y A PAS DE VENT ?
BEN ELLES TOURNENT PAS...
EXACTEMENT ! SAUF...
... SI EN FACE DES ÉOLIENNES, ON MET DES ÉOLIENNES ÉLECTRIQUES QUI PRODUISENT DU VENT !
APRÈS, SI TU PRÉFÈRES DORMIR QUE SAUVER LA PLANÈTE, C'EST TON CHOIX...

RÊVE
DIS DONC, CETTE NUIT, J'AI FAIT UN RÊVE COMPLÈTEMENT SURRÉALISTE !
VAS-Y RACONTE ! C'EST SUPER DRÔLE, LES RÊVES SURRÉALISTES !
ALORS IL FAISAIT FROID DEHORS ET J'AVAIS PAS ENVIE DE SORTIR BALADER CHLOË AU MARCHÉ...
ET ENSUITE ?
ALORS C'EST TOI QUI Y ALLAIS.
ET ?...
ET C'EST TOUT.
MAIS C'EST NUL, C'EST PAS DU TOUT SURRÉALISTE.
C'EST VRAI ?
PFFF, NON MAIS J'AURAIS PAS PU FERMER MA G...
HA HA HA

FÊTE

RHAAA, MAIS OÙ ILS SONT, CES COTILLONS ? IMPOSSIBLE DE LES TROUVER...
AH, ILS SONT LÀ ! ENFIN !
ET TOI ? TU AS TROUVÉ QUELQUE CHOSE ?
OUI, CES CHAPEAUX ET QUELQUES TRUCS MARRANTS...
PARFAIT !
C'EST BON, ON A TOUT, JE CROIS QU'ON PEUT Y ALLER...
IL VA ÊTRE TRÈS RÉUSSI, L'ENTERREMENT DE LA VIEILLE DU TROISIÈME !
OUAIS, DEPUIS LE TEMPS QU'ELLE NOUS EMMERDAIT, ÇA SE FÊTE !

LE MORAL

OH MAIS NON, TU VAS PAS FINIR TA VIE TOUTE SEULE...
ET PUIS TU SAIS, DES FOIS, C'EST PAS SI MAL D'ÊTRE SEULE, HEIN...
QUAND TU VOIS CE QU'APPORTE UN MEC FINALEMENT, HEIN...
BEAUCOUP DE PROBLÈMES, D'INCONVÉNIENTS, DE SOUCIS POUR PEU D'AVANTAGES AU FINAL...
ALLEZ BISOUS !
AH BEN BRAVO !
RHO ! ÇA VA ! C'ÉTAIT JUSTE POUR LUI REMONTER LE MORAL, ELLE EST DÉPRIMÉE...
OUAIS BEN MAINTENANT ON EST DEUX...

JEU

TIENS, À MOI D'INVENTER DES NOUVELLES CHOSES...
J'AI INVENTÉ UN NOUVEAU JEU, ÇA S'APPELLE "NI OUI NI NON NI CHAMARD" !
AH AH, C'EST ÇA, TON INVENTION ?
ALLEZ, ON ESSAIE...
C'ÉTAIT BIEN AUJOURD'HUI, TON BOULOT ?
TOUT À FAIT...
TU AS BIEN TRAVAILLÉ ?
MIEUX QUE CHAMARD, EN TOUT CAS !
PERDU !
AH OUI, C'EST SUPER DUR EN FAIT...

GÂTEAUX

GOÛTE, POUR VOIR...
POUAH ! ¡NFECT !
MAIS COMMENT TU FAIS ?
BEN JE SAIS PAS, J'AI ESSAYÉ DE FAIRE DES SABLÉS !
À CE STADE, C'EST UN DON ! BON EN TOUT CAS, C'EST PARFAIT !
AH LES VOILÀ !
DRIING
BONSOIR, C'EST POUR HALLOWEEN...
BONSOIR LES ENFANTS, ON VA VOUS DONNER DES GÂTEAUX...

CAMÉRAS

TU SAIS QUOI ? ON DEVRAIT INSTALLER DES PETITES CAMÉRAS DANS TOUTES LES PIÈCES.
POUR QUOI FAIRE ?
QUAND ON AURA TROUVÉ UNE NOUNOU POUR CHLOË, CE SERA PLUS SÛR...
ON SAIT CE QU'ELLE FERA PENDANT NOTRE ABSENCE ?
BEN ÉCOUTE, SI TU TE CHARGES DE NOUS BRICOLER ÇA, AVEC PLAISIR !
EN MÊME TEMPS, JE CROIS QU'IL FAUT AUSSI AVOIR CONFIANCE EN L'ÊTRE HUMAIN !

SOIRÉE COSTUMÉE
LA TOUCHE FINALE ET ME VOILÀ PRÊT...
SUPER ! HA HA, ÇA VA ÊTRE GÉNIAL, CETTE SOIRÉE...
SOIRÉE XVIII e SIÈCLE, QUELLE BONNE IDÉE, ÇA VA ÊTRE DRÔLE...
MARION, TU ES PRÊTE ?
VOILÀ VOILÀ, TADAN !
TU N'ÉTAIS PAS TRÈS DOUÉE EN HISTOIRE À L'ÉCOLE, TOI, SI ?
POURQUOI TU DIS ÇA ?

ONDES

MAIS QU'EST-CE QUE TU FAIS ? CENTRE EN RETRAIT !
NE CHERCHE PAS LE DRIBBLE, PASSE LA BALLE !
MAIS... POURQUOI TU LEUR PARLES ? ILS ENTENDENT PAS, LÀ ?
TU COMPRENDS PAS, LILIANE, JE LEUR ENVOIE DES ONDES...
LE MESSAGE PASSE À TRAVERS L'ÉCRAN, TOUS LES SUPPORTERS SAVENT ÇA...
AH BON...
ESSAYEZ DE NE PAS FINIR TROP TARD S'IL VOUS PLAIT, PARCE QUE, SUR L'AUTRE CHAINE, Y'A MA SÉRIE... MERCI !

COIFFURE

ALLEZ, JE FILE CHEZ LE COIFFEUR...
JE SAIS PAS ENCORE COMMENT JE VAIS LES COUPER POUR QUE ÇA AILLE AVEC MON VISAGE...
COURTS ? DÉGRADÉS ? EN BROSSE ?
QU'EST-CE QUE TU EN PENSES, TOI ?
POUR AVOIR UN JOLI VISAGE ?
OUI.
TU COUPES À PARTIR DU COU
JE VOIS QUE ÇA !

HOLA

... ET EN TERMES D'OBJECTIFS ?
HOLA HOLA HOLA, ALORS DÉJÀ TU VAS ME PARLER SUR UN AUTRE TON...
LES OBJECTIFS, ON VERRA ÇA À MESURE, HEIN, PAS D'EMBALLEMENT...
ALORS ON SE CALME ET ON REPART SUR DE BONNES BASES...
ALORS?
ÇA ALLAIT?
JE CROIS QU'ON VA DEVOIR ENCORE LES TRAVAILLER UN PEU, TES ENTRETIENS D'EMBAUCHE...

ENNUI

QU'EST-CE QU'ON S'EMMERDE...
QU'EST-CE QU'ILS FONT, LES AUTRES RETRAITÉS, POUR PAS S'EMMERDER ?
BEN ILS FONT DU JARDINAGE, DU BRICOLAGE, ILS VONT À DES CLUBS DE BRIDGE...
ET SURTOUT ILS ACCOMPAGNENT LEURS FEMMES FAIRE LES MAGASINS, ILS PARTENT EN VOYAGE EN AMOUREUX AVEC ELLES...
MERCI MA CHÉRIE...
JE M'EMMERDE TOUJOURS AUTANT, MAIS MAINTENANT, JE SUIS CONTENT DE M'EMMERDER...

CALME

AAAH ! LE CALME DE LA CAMPAGNE LE SOIR...
OUI, PAS UN BRUIT, LE SILENCE TOTAL...
LA SÉRÉNITÉ À L'ÉTAT PUR, MÊME PAS UN CRI D'OISEAU !
OUI...
MÊME PAS UN CHANT DE CRAPAUD AU LOIN...
RIEN...
VA DÉMARRER LA MOTO, J'EN PEUX PLUS DE CE SILENCE, À FORCE...
CARRÉMENT !

ÉPILATION

SES JAMBES SONT BIEN ÉPILÉES DIS DONC...
ÇA, C'EST UNE ÉPILATION À LA CIRE, ÇA SE VOIT TOUT DE SUITE...
PAR RAPPORT À L'ÉPILATION À LA MACHINE, C'EST UN PEU DIFFÉRENT...
C'EST UN PRINCIPE DE CIRE CHAUDE AVEC DES BANDELETTES...
JE PEUX REGARDER MON MATCH ?
RHO ÇA VA, POUR UNE FOIS QUE JE PARLE FOOT AVEC TOI...

DESSIN

TIENS, ON A REÇU UNE LETTRE DE NOTRE FILLE
AH ?
OOOOH, NOTRE PETIT-FILS NOUS A FAIT UN DESSIN
OH ÇA, C'EST GENTIL...
OOOH, DES MONSTRES...
DIS DONC, ILS SONT BIEN FAITS, ILS SONT HORRIBLES...
IL EST ADORABLE, CET ENFANT, EN FAIT...
REGARDE, LÀ, IL LEUR A MÊME DONNÉ UN NOM
" PAPI ET MAMIE "...
QUEL CON, CE GAMIN !
IL DESSINE COMME UN PIED, EN PLUS

SURPRISE

SALUT POUSSIN... PFOU CREVÉ, MOI, ET J'AI UNE DE CES FAIMS !
AH BEN ÇA TOMBE BIEN, J'AI UNE SURPRISE POUR TOI !
AH BON ?
JE T'AI FAIT DES SUSHIS !!!
TOI ?!!
ÇA T'ÉPATE, HEIN ?
INSTALLE-TOI, JE VAIS LES CHERCHER...
MAIS TU SAIS FAIRE ÇA, TOI ?
DU POISSON CRU, DU RIZ, DES ALGUES, C'EST PAS SORCIER NON PLUS...
QUAND MÊME, TU AS DÛ GALÉRER...
TU RIGOLES, UN JEU D'ENFANT !...
NON MAIS AU FAIT, J'AI UN PEU GRIGNOTÉ AU BUREAU AVANT DE PARTIR...

CHEVEUX

TU REMARQUES RIEN ?
MMH, VOYONS...
À MES CHEVEUX...
AH MAIS OUI ! TU ES ALLÉE CHEZ LE COIFFEUR !
DIS DONC, ÇA TE VA SUPER BIEN, C'EST TRÈS RÉUSSI !
EH BEN NON, JUSTEMENT ! Y'AVAIT RIEN À REMARQUER ! TU VOIS, TU ME REGARDES JAMAIS !
AH BAH OUI MAIS NON, SI EN PLUS Y'A DES PIÈGES, JE VAIS JAMAIS Y ARRIVER !

LE NOUVEAU DYLAN

SCÈNES de ménages
SAISON 10
SAISON 10
SCÈNES de ménages
SAISON 10
5 DVD
NOON - M6 STUDIO / 2014. Tous droits réservés. Visuel non contractuel
LA 10ÈME SAISON DE LA SÉRIE PHARE DE M6 !
LE 3 DÉCEMBRE EN COFFRET DV
TOUJOURS DISPONIBLES